AF186370

Franz Krejs

Boot über tiefen Wassern

Gedichte

www.tredition.de

© 2020 Franz Krejs

Verlag und Druck: tredition GmbH, Halenreie 40-44, 22359 Hamburg

ISBN
Paperback: 978-3-347-00768-0
Hardcover: 978-3-347-00769-7
e-Book: 978-3-347-00770-3

BOOT ÜBER TIEFEN WASSERN

FRANZ KREJS

INHALT

SEHNSUCHT

Namenlos
und ohne Gestalt,
doch süß
wie dunkler Honig –
Sehnsucht,
geliebter Schmerz
ziehst mich in Fernen,
verhüllt in grauem Nebel.
Gesuchtes, Geliebtes
wo finde ich dich?
Wehen des Windes,
Tiefe des Herzens

Wien, 5. Dezember 2018

Durch die fremden Vaterländer der anderen

bin ich hindurchgegangen

während mein eigenes

hinter mir in Staub zerfiel.

Manchmal blättert

der Wind in mir

die Bilder auf

und der Duft fremder Blumen

weckt die Wehmut

und das grenzenlose Verlangen

nach einer versunkenen,

fernen Heimat.

Nachts über mir

singen die Sterne

lautlos ein kristallenes Lied

und aus den Weiten

fällt der Tau

auf mein rastloses Herz.

Morgen, wenn ich weiterziehe

weiß ich nicht mehr

als den nächsten Schritt –

darüber horch ich hinaus

auf das Singen der Sterne,

das Spiel des Windes.

Bryn Mawr, Jänner 1979

Ein Kind möchte ich sein,
zu dir laufen
und dir das zerbrochene Spielzeug
meines Lebens in den Schoß legen.

Bryn Mawr, Sommer 1978

Und abends

wenn der Tag von uns fällt

wie tote modernde Rinde

vom Baum,

sind wir müde

und leer.

Und später,

nachts, wenn der Mond zergeht

und die zerbrochenen Worte

versinken

sind wir allein.

Schwer lastet
die Stille
und bei uns liegen
Zeit und geschändete Worte.

Zum Weinen
sind wir zu müde
zum Sprechen
zu leer.

Wer von uns
aber schreit
die Verzweiflung jener,
denen die Sprache
entleert ist?

Wer von uns

schreit für sie,

die nicht mehr schreien können?

Wen von uns

hören sie noch,

wenn ihnen der Lärm

die Ohren verstopft?

Wer hat noch das Wort?

Es ist spät

Und bei uns liegen

Zeit und geschändete Worte.

Wir sind müde,

müde.

Seattle, 27. April 1974

Wo immer ich hingehe –
du bist mir vorangegangen
und wartest auf mich
wenn ich ankomme.

Den Weg entlang
finde ich deine Zeichen
und von überall her
trägt der Wind deinen Atem.

Lang schon habe ich

Dich zurückgelassen

und bin fortgegangen

von dir –

bis ich auf einmal erkenne,

dass ich dich all die Zeit

im schmerzenden,

im betäubten Herzen getragen habe.

Bryn Mawr, 4. November 1976

Wenn auch der Sturm verweht

und es bleibt uns der Wind

eh noch der Traum vergeht

und das Licht zerrinnt –

Über dunklen Wassern dein Boot

In fremden Himmeln dein Rauch,

steige hinunter wo der Tod

nicht mehr ist denn ein Hauch.

Geh langsam durch die Sphären

voll lautloser Musik

gib den Weiten, den leeren

Wünschen und Hoffen zurück.

Seattle, Juni 1974

Die Schalen der Zeit

sind von mir gefallen

und ich gehe, ein Fremder.

Wie eine seltsame Blume

Blüht der Schmerz mir im Herzen

Und ich trage ihn neben der Freude.

Die weißen Wolken –

ich gehe ein Kelch,

in den die grenzenlose Ahnung sinkt.

Elend und Glanz

versunkener Vergangenheiten

liegen schwer mir auf den Lidern

und nur die Tränen der Einfalt tragen sie.

Ich gehe ein Fremder

und durch mich zieht

das Geflecht aller Zeiten.

Meine Tritte verweht der Wind

Und er trägt mit sich

Den Ton des Schmerzes, der Freude.

Bryn Mawr, 6. November 1977

TOTE LIEBE

Endlos
hinter den trüben Nebeln
streckt sich das tote Land.

Deine graue Traurigkeit
reicht über den Rand der Welt.

Irgendwann in der Stille
fällt vom schwarzen Ast
ein gläserner Tropfen
ins braune Laub.

Irgendwo trägst du

dein schweres, müdes Herz

Rot und heiß

es hat geliebt und gehofft,

gebangt und gesehnt,

sich gewunden in Angst.

Jetzt ist es still

und nur der Wind treibt

die grauen Nebel

durch die kalten, kahlen Bäume.

Manchmal noch greift

ein Schmerz an dein leeres Herz,

presst den letzten bitteren Tropfen

ins tote Land.

Bryn Athyn, 27. Oktober 1974

MORGEN

Die weissen, runden Schultern
von Frauen,
deren Herz durch das meine ging –
silbernes Licht,
das vom Sichelmond blauer Nächte fällt
und immer und immer wieder
der singende Ruf
kristallener Sterne.

Morgens trocknet der Wind
die heissen Tränen der Nacht
während an sonnenbeschienen Mauern
die Stille lehnt.

15

Von irgendwoher
und irgendwohin
spricht mir der Wind
und Fremde und Weiten
zittern mir wie Riedgras im Herzen.

Noch eh meine Hand
die rauen, kühlen Steine berührt
sing ich noch einmal mein Lied.

Bryn Mawr, Februar 1979

In meinem Herzen,

wie langsam du stirbst,

wie ich dich tot wünsche

und mich doch nicht lösen kann

von dir.

Du warst die Welt

und alles

trägt noch dein Gesicht,

du warst der Hauch

in allem

und Lied und Ton, Gedicht.

Und in den Nächten

den weiten –

schwer und breit

über dem Land –

in leeren Händen halt ich

deine Hand.

Und überall du,

in allem Fließen und Sein

bis aus dem Dunkel das Licht fällt,

der Schrei: Ich bin allein!

Mit wahnsinnigen Fingern

spielst du

auf mir ein glühend Lied –

Lass mich,

lass mich gehen!

Folge,

folge mir nicht!

Kempton, Pennsylvania, 13. April 1975

BLICK

In wieviel Sprachen sprichst Du zu mir,

wieviele Zufälle wirfst Du mir zu,

wieviele Zeichen lässt Du vor mir vorüber-
ziehn -

an den Himmeln

in fließenden Wolkengestalten,

im Rauschen der Wälder,

im Wiegen der Äste im Wind?

Wie reich Du mich beschenkst Herr!

In dem einen Blick,

den ich mit jemandem tauschte,

die ich noch nie gesehn

Ein Blick, der Herz zu Herz verband,

ein zärtliches Berühren

tief in tausend Tiefen

sanft wie der Hauch des Abendwinds

In welchem Land haben wir uns getroffen,

in welchen Himmeln haben wir uns berührt?

Ich weiß es nicht –

Aber aus den Tiefen dringt

in den Weiten klingt

Dein großes Lied

Damghan, August 2016

Es ist spät

und ich habe den Sommer versäumt –

der Herbst feiert Abschied

von etwas, das ich nicht wahrnahm.

Aber die Wehmut

legt er mir doch

süß und schwer auf mein Herz.

In den Wind,

dessen mittägliche Wärme

die Kühle länger werdender Abende trägt –

hänge ich mein Herz.

Die Bilder,

die Wirrnis ungezügelter Gedanken,

den verleugneten Schmerz

nimmt er daraus

und tränkt es im schwarzen Honig der Sehn-
sucht.

Und hinter, über all dem

so wie die Sonnenstrahlen am Wasser

tanzt eine Freude in mir.

Bryn Mawr, September 1977

LAUSCHE

Lausche –

Fern aus der Tiefe der Steppe hebt sich der
Wind,

weht auf dich zu.

Lausche, was er dir zuträgt -

das endlose Gesirre zahlloser Insekten,

den letzten Hauch vergehender Münder,

das Flüstern der Liebenden,

das Schluchzen gebrochener Herzen.

Ahnung bringt er

längst vergangener Leben

wenn er über die zerbrochenen Steine

versunkener Städte,

über die Gräber der ruhenden Toten weht.

Durch die Gräser

darübergebreiteter Steppen,

durch das Gestein hochaufragender Türme

steigt es hoch –

Bangen und Hoffen,

Glanz und Elend

verwehter Leben -

und zittert im Wind.

Hebe das Haupt

und lausche

über den Wind hinaus

in das atemlose Schweigen

des unendlichen Raums.

Lausche tief hinein

bis die Stille aus ihrer Tiefe

zu singen beginnt

das ewige Lied vom Sein und Vergehn.

Lausche,

verweile und sei.

Warschau, 15. Mai 2006

Gewirr von Stimmen

Gemurmel im Raum

Bilder sie schwimmen

Vorüber im Traum

Spuren im Sand

Darüber die Gischt

Alles vergangen

Alles verwischt

Was bleibt ist die Sehnsucht

Das Flüstern im Wind

Die ewigen Stimmen,

Die überall sind

Breite die Flügel
Weit aus im Wind
Über die Hügel
Trägt Dich der Wind

Tief drinnen im Herzen
Dein strahlend Gesicht
Vergessen die Schmerzen
Überall Licht

Schiraz, August 2016

Über tiefe Abgründe
Reicht meine Seele zu dir
In den Tiefen
Vergangenes, Vergessenes
Verschollenes, Verwehtes.

Darüber der Himmel
Strahlend voll Licht
Und unser Atem –
-deiner und meiner –
weht sanft
darüber hinweg.

Auf beiden Seiten des Abgrund
Sehnsucht – namenlos
Nur die Liebe
Kann die Brücke bauen,
die uns zueinander trägt.

Semmering, 18. November 2019

A H N U N G

Bist an meiner Seite, Freund
großer Bruder -
die metallene Sense
fest in der Hand

Warst bei mir
auf den verschlungenen
Pfaden des Lebens
ich fühle, ahne dich
nah mir zur Seite,
einen Schritt hinter mir

Im Gewühl der Städte
hörte ich leise
den hohen Ton
deiner sirrenden Sense

In dunklen Nächten
in den weißen Armen der Frauen
fühlte ich deinen Hauch
sanft und weich -
er kam von weit
wie Sternenstaub

Einmal Freund,

wenn du mir sehr nahe bist

wirst du deine schwere Hand

mir auf die Schulter legen,

das Metall deiner Sense

wird aufblitzen

im Licht der kosmischen Sonne

Semmering, 1. November 2019

HAIKU

Hundert Gesichter
zahllose Worte im Saal
ungefühlter Schmerz   18. März 1981

Tiefschwarze Augen
eine Frau geht vorbei
schweres, dunkles Lied   18. März 1981

Weisse, weiche Hand
berührt die meine und geht –
die weissen Berge   18. März 1981

Überall Mauern
und Schwere, Dunkelheit, Angst
leere Hand im Wind   22. März 1981

Weiter Himmel, Meer
Wellen laufen am Strand aus
Heimweh der Seele   23. April 1981

Im Abenddämmern
singt der Stille weiter Ton
spätes Boot kehrt heim   23. April 1981

Der sandige Weg
er führt den Hügel hinauf –
darüber Himmel   28. Mai 1981

Goldener Sonnenschein
still und träumend die Mauer
Sommernachmittag   27. Juli 1981

Sommernachmittag
über goldenen Feldern –
Mitte des Lebens   23. Juni 1982

Goldener Sommer
Wind über weiten Feldern –
Mitte des Lebens   4. Juli 1982

Wind überm Wasser
dunkler Hauch aus anderer Welt –
heimgehen will ich   August 1982

Goldener Mond im Herbst
über dem Licht der Städte –
unendlicher Raum   Oktober 1983

Stürzende Wasser
Tosen und Brandung am Fels –
innen nur Stille   April 1989

Zeitfracht Medien GmbH
Ferdinand-Jühlke-Straße 7
99095 Erfurt, Deutschland
produktsicherheit@kolibri360.de